Ceticismo

Coleção **PASSO-A-PASSO**

CIÊNCIAS SOCIAIS PASSO-A-PASSO
Direção: Celso Castro

FILOSOFIA PASSO-A-PASSO
Direção: Denis L. Rosenfield

PSICANÁLISE PASSO-A-PASSO
Direção: Marco Antonio Coutinho Jorge

Ver lista de títulos no final do volume

Plínio Junqueira Smith

Ceticismo

Jorge Zahar Editor
Rio de Janeiro

Aos meus amigos Paulo Faria e Roberto Horácio de Sá Pereira, sem os quais este livro não teria sentido.

Copyright © 2004, Plínio Junqueira Smith

Copyright desta edição © 2004:
Jorge Zahar Editor Ltda.
rua México 31 sobreloja
20031-144 Rio de Janeiro, RJ
tel.: (21) 2240-0226 / fax: (21) 2262-5123
e-mail: jze@zahar.com.br
site: www.zahar.com.br

Todos os direitos reservados.
A reprodução não-autorizada desta publicação, no todo
ou em parte, constitui violação de direitos autorais. (Lei 9.610/98)

Composição eletrônica: TopTextos Edições Gráficas Ltda.
Impressão: Geográfica Editora

Capa: Sérgio Campante

CIP-Brasil. Catalogação-na-fonte
Sindicato Nacional dos Editores de Livros, RJ.

S648c Smith, Plínio Junqueira, 1964-
Ceticismo / Plínio Junqueira Smith. — Rio de Janeiro: Jorge Zahar Ed., 2004

(Passo-a-passo; 35)

Inclui bibliografia
ISBN 85-7110-766-1

1. Ceticismo. I. Título. II. Série.

04-0217

CDD 149.73
CDU 165.72

Sumário

Introdução	7
O desafio cético	10
Respostas ao desafio cético	24
Ceticismo e vida cotidiana	49
Leituras recomendadas	53
Seleção de textos	56
Referências e fontes	68
Sobre o autor	69

Introdução

O ceticismo é um dos principais assuntos filosóficos da atualidade. Vivemos uma época em que muitas crenças são questionadas, que sobre tudo se discute e que desconfia de verdades absolutas e eternas. Historicamente, a liberdade de pensamento favoreceu o surgimento e desenvolvimento do ceticismo. Seu ambiente natural é uma sociedade democrática, pluralista e tolerante, na qual as diversas culturas possam conviver pacificamente. Por isso, os céticos rejeitam sociedades ou instituições autoritárias, em que uma única linha de pensamento é imposta a todos, deixando pouco espaço para a reflexão crítica.

A investigação filosófica tem por objetivo *a descoberta da verdade*. Em geral, uma filosofia caracteriza-se por ser um discurso teórico, por suas teses e afirmações a respeito do mundo. Os filósofos pretendem que esse discurso seja um conhecimento do mundo diferente dos conhecimentos comuns e científicos. Enquanto estes são inseguros ou hipotéticos, aquele seria absolutamente certo, revelando uma verdade inquestionável. Filosofias com essa característica são chamadas de filosofias dogmáticas.

O ceticismo, no entanto, é um tipo particular de filosofia, pois não é constituído por um conjunto de teses sobre as coisas, nem pretende ser um conhecimento. A característica principal do cético é manter *uma atitude crítica diante da pretensão dogmática de ter descoberto a verdade*. Desconfiar das afirmações precipitadas desses filósofos e questionar suas teses são a sua marca registrada. É por isso que o ceticismo é uma forma atual de filosofar.

A filosofia sempre se pautou por ser uma *investigação racional*, visando estabelecer a verdade de algumas teses e a falsidade de outras por meio de *uma argumentação rigorosa e imparcial*. Os filósofos dogmáticos, entretanto, não cumprem essa exigência tal como prometido, uma vez que não reconhecem suficientemente a força dos argumentos contra as suas teses. De maneira precipitada e parcial, aceitaram teses questionáveis.

Essa exigência filosófica de uma argumentação rigorosa e imparcial é *plenamente endossada pelos céticos*, que pretendem levá-la ao seu extremo. Uma vez que examinaram cuidadosamente e sem precipitação todos os argumentos envolvidos em uma questão, seja a favor ou contra uma tese, os céticos tornaram-se excelentes argumentadores. Uma investigação madura costuma mostrar-lhes que *a qualquer tese filosófica se pode opor uma outra tese filosófica, de igual força persuasiva e contrária à primeira, de modo que não haveria como aceitar nenhuma das duas*. Essa incapacidade de julgar se uma tese filosófica é verdadeira ou falsa é a suspensão do juízo.

Assim, os céticos nos oferecem, não um pretenso conhecimento sobre as coisas, mas um discurso complexo e sofisticado. Nesse sentido, organizaram diferentes formas de argumentação que se podem empregar para combater o dogmatismo e estabelecer que a verdade ainda não foi descoberta. Os céticos são aqueles que mostram, por meio de uma argumentação que lhes é peculiar, que não há nenhuma garantia de que conhecemos aquilo que alegamos conhecer. Segundo eles, *não sabemos nada, não temos certeza de nada e podemos colocar tudo em dúvida*; sequer sabemos que nada sabemos.

Devido a esse caráter crítico e meticuloso, reconhece-se o desafio cético como um obstáculo inevitável para qualquer filosofia que pretendesse assegurar a verdade de suas teses. Refutar o ceticismo tornou-se uma obsessão dos filósofos dogmáticos, sobretudo daqueles que se interessam pela teoria do conhecimento, já que a possibilidade do conhecimento e a descoberta da verdade é um assunto essencial para os céticos.

O ceticismo é uma corrente de pensamento que remonta a Pirro, um jovem contemporâneo de Aristóteles que viveu no século IV a.C. e, ao longo da história, foi alvo constante de atenção dos filósofos. Naturalmente, o que se chamou de ceticismo variou bastante. Há muitos estudos acerca da evolução dessa corrente de pensamento e conhecê-la com detalhes é algo fascinante, mas não pretendo expor aqui as suas formas históricas. Minha intenção é falar do ceticismo tal como ele é discutido atualmente.

No Brasil, encontramos um grupo de filósofos que se dedicam ao ceticismo. O brasileiro que mais contribuiu para esse vivo interesse é Oswaldo Porchat. Esse filósofo despertou a curiosidade de muitos, organizando um grupo que se reúne regularmente para discutir questões céticas e aspectos da história do ceticismo, tornando-o um assunto filosófico de destaque também entre nós.

O desafio cético

O ser humano é um animal curioso, que busca sempre conhecer as coisas. Além de agirmos no mundo, nós também conhecemos o mundo no qual vivemos. Para agir de maneira adequada, precisamos conhecê-lo. Normalmente, pensamos saber várias coisas a respeito do mundo, dos outros homens e de nós mesmos. Por exemplo, eu sei que o computador está sobre a mesa, que meu filho está feliz brincando, que estou sentado em uma cadeira e que estou pensando enquanto escrevo. Todos nós sabemos uma infinidade de coisas desse tipo. Sabemos, também, uma série de coisas que aprendemos na escola e que as ciências nos ensinaram, por exemplo, que a baleia não é um peixe, mas um mamífero, e que a Terra é o terceiro planeta a partir do Sol.

Por que, entretanto, o cético pensa que não sabemos todas essas coisas que pensamos saber? Para dizer que alguém sabe alguma coisa, isto é, para atribuir um conhecimento a alguém, três condições devem ser cumpridas. Em primeiro lugar, a pessoa precisa crer naquilo que diz. Por exemplo, se alguém diz: "Paris é a capital da França", somente diremos que ela sabe o que afirma *se ela acreditar no que está dizendo*. Uma pessoa pode muito bem dizer alguma coisa verdadeira, mas, se não acreditar no que diz, não diremos que ela sabe o que afirma.

Obviamente, nossas crenças podem ser falsas — e uma crença falsa nunca é conhecimento. De fato, alguém pode *crer* que Estocolmo é a capital da Suíça, mas essa pessoa não pode *saber* isso, porque Estocolmo não é a capital da Suíça. Uma segunda condição necessária para o conhecimento é que *a crença seja verdadeira*.

Isso não basta para atribuir conhecimento, pois uma pessoa pode afirmar uma verdade por acaso ou por más razões. É preciso, portanto, que entre a crença verdadeira e aquilo que dizemos saber se estabeleça um laço mais forte. Sem um vínculo seguro, não diremos que uma pessoa sabe algo, mesmo que sua crença seja verdadeira. A pessoa que tem a crença verdadeira deve ser capaz de dar uma boa razão para a sua crença, deve *ser capaz de justificá-la adequadamente*. A justificação é, assim, um elemento essencial no conhecimento.

Portanto, dizemos que uma pessoa sabe alguma coisa quando cumpre essas três condições: (1) ela precisa crer no que diz (ou pensa); (2) sua crença tem que ser verdadeira; (3) ela precisa dar uma boa razão ou justificar adequadamente a sua crença. Por isso, o conhecimento é definido como uma crença verdadeira justificada.

O cético vê problemas nas condições 2 e 3. Ele pergunta se nossas crenças não poderiam ser falsas, ao contrário do que usualmente julgamos. Além disso, mesmo supondo que muitas sejam verdadeiras, essas supostas crenças verdadeiras não poderiam ser justificadas.

O ceticismo nos convida a examinar melhor como conhecemos o mundo. A percepção sensível desempenha um papel fundamental no nosso conhecimento do mundo e na justificação que damos para esse conhecimento. Os seres humanos percebem as coisas por meio de seus cinco sentidos externos: visão, audição, tato, olfato e paladar. Naturalmente, os mecanismos dos sentidos são diferentes, mas todos têm algo em comum: as coisas agem sobre nossos órgãos sensoriais, que, ao serem modificados de certa maneira, reagem a esse estímulo externo, produzindo em nós uma sensação. Trata-se de um processo causal. Entre o objeto físico no mundo e a sensação há uma longa cadeia causal de eventos naturais.

A ciência nos explica os detalhes desse processo, por exemplo: a visão de uma mesa. Uma fonte luminosa emite raios de luz e a mesa reflete alguns desses raios, mas não todos. Esses raios atravessam o ar (um meio translúcido) e, passando pelo cristalino, sofrem uma refração, convergindo na retina. Os cones e bastonetes reagirão de determinada maneira, conforme o comprimento de onda dos raios, entre outros fatores (há muitos). A combinação do resultado da ação dos raios sobre cada uma das células oculares é fundamental para a composição da informação que será enviada ao cérebro. Impulsos elétricos transmitem as informações selecionadas até o cérebro, que, a partir daí, produz uma imagem visual que será, finalmente, classificada como a percepção de uma mesa.

Esse processo é bastante complexo e eficaz. Os sentidos são como janelas abertas às coisas, deixando entrar informações precisas e adaptando-se para percebê-las como elas são. Eles permitem, assim acreditamos, conhecer as coisas. Para saber qual é a forma e a cor de uma mesa, basta olhá-la. É assim que comumente fazemos, e de que outra maneira deveríamos proceder? Temos uma fé cega em nossos sentidos. Afinal, a própria sobrevivência da espécie humana se deve à eficiência dos mecanismos de percepção.

É fundamental notar que *há uma enorme diferença entre a causa desse processo (um objeto) e o efeito produzido em nós (uma percepção)*. E isso não nos deve espantar, já que esse processo, ainda que complexo e eficaz, é muito precário e sujeito a excessivas variações e deformações para que possa nos dar, no final, uma informação verdadeira sobre sua causa inicial. Uma mesa só é vista se iluminada por uma fonte que lhe é externa. Conforme a fonte de luz, podemos ver a mesa de uma cor diferente. Além disso, o meio no qual a luz se propaga também interfere na visão. Entre a mesa, as ondas de luz, os impulsos nervosos, a imagem no cérebro e sua classificação parece não haver nenhuma coisa em comum; ao contrário, percebemos que cada transformação é inteiramente arbitrária. Assim, o efeito final desse longo processo causal é muito diferente da causa inicial. Os sentidos têm um valor prático inestimável, mas nenhum valor cognitivo.

Outro argumento cético baseia-se na *variação das sensações*. Nossas sensações mudam o tempo todo e, como o objeto permanece o mesmo, nem todas podem ser verdadeiras, já que um objeto não pode ter propriedades contraditórias. A nossa sensação de cor pode ser alterada, por exemplo, pela cor da luz incidente no objeto. Como é bem sabido, a luz negra, usada em festas, deixa todos os dentes bem brancos, quando, expostos à luz natural, eles têm aspecto amarelado. Até a quantidade pode alterar a coloração do objeto: pouca água aparece como transparente; quando há muita água nós a vemos esverdeada, azulada ou negra. Uma moeda vista de frente parece redonda, mas vista obliquamente afigura-se oval; uma torre, de longe, tem o aspecto redondo e, de perto, quadrado. O tamanho do objeto aparentemente varia, dependendo da distância. E o que dizer sobre o sabor? Um vinho pode parecer doce, mas, se estamos doentes, o gosto é similar ao amargo. O adoçante, se misturado, tem gosto adocicado, mas se o tomamos puro, amargo.

O que tais observações sobre a variação das sensações indicam é que essas podem não revelar a cor, o gosto, o cheiro, a forma etc. do objeto — isto é, pode ser que o objeto seja diferente da maneira como o percebemos. Das diferentes sensações, somente uma poderia corresponder ao objeto. Mas qual? Como escolhê-la? Teríamos que compará-la ao objeto, mas nosso único acesso aos objetos é por meio dos sentidos e, assim, não temos como comparar nossas sensações ao objeto tal como ele é em si mesmo, independentemente de como o percebemos. Não podemos confiar nos sentidos, nem dizer que eles representam fielmente como as coisas são. Chegamos, assim, à conclusão de que aquilo que julgamos conhecer a respeito das coisas por meio dos sentidos pode não ser um conhecimento.

As hipóteses céticas são outro ponto de apoio para importantes argumentos contra o conhecimento. Considere a hipótese cética de que nós poderíamos ser "cérebros em um balde". Segundo essa hipótese, cada um de nós seria apenas um cérebro imerso em um balde, ligado a um supercomputador, criado e controlado por cientistas manipuladores, capaz de receber e enviar impulsos para esse cérebro. O supercomputador enviaria, por meio de fios e cabos, certos impulsos que seriam interpretados pelo cérebro como sensações e percepções exatamente iguais às que temos no nosso contato com o mundo. O supercomputador receberia impulsos provenientes do cérebro, os identificaria e responderia como o mundo responde, de tal forma que seria impossível para esse cérebro saber se ele de fato tem um corpo que está em contato com coisas ou se é somente um cérebro imerso em um balde ligado a um supercomputador. O filme *Matrix* desenvolve essa hipótese.

Se essa hipótese for correta, então o mundo seria muito diferente de como o concebemos. Em primeiro lugar, nós mesmos seríamos muito diferentes de como nos pensamos. Achamos que temos um corpo, com cabeça, tronco, mãos, pernas etc.; mas, se a hipótese é correta, nós teríamos somente um cérebro, e nada mais. Em segundo lugar, pensamos que no mundo imediatamente à nossa volta (ao nosso corpo) há roupas (camisa, calça, meias etc.), mesas, cadeiras, pessoas, animais, árvores, ruas, casas etc.; quando, em verdade (se a hipótese é correta), o que está à nossa volta (em volta do cérebro) é um líquido nutriente, que mantém o cérebro vivo, um balde, que contém esse líquido e esse cérebro, fios e cabos que ligam o cérebro a um supercomputador, e as únicas pessoas seriam cientistas manipuladores.

Os céticos não propõem essa hipótese para sugerir que ela poderia ser verdadeira ou provável. Ninguém crê que, de fato, podemos ser cérebros em um balde. Tal hipótese serve somente para mostrar que não sabemos aquilo que pensamos saber. Enquanto persistir a suspeita de que o mundo pode ser bem diferente de como nos parece, não podemos garantir que sabemos aquelas coisas as quais supomos saber. Se não conseguirmos excluir a possibilidade de que somos cérebros em um balde, então não poderemos afirmar que sabemos, por exemplo, que há árvores no mundo, pois poderia ser o caso de haver somente imagens virtuais de árvores. Dada a nossa percepção, não temos como saber se sua causa é uma árvore real ou um supercomputador que cria no cérebro essa imagem virtual.

Suponha agora a hipótese cética de que fomos criados por um gênio maligno de modo que estivéssemos sempre errados em nossos pensamentos e sensações. A causa de nossas sensações seria esse gênio, e não as próprias coisas. E ele causaria em nós exatamente as sensações ou percepções que temos, mesmo se o mundo não existisse ou fosse muito diferente. Assim, o gênio nos faria ter a sensação de amarelo quando estivéssemos diante de um objeto vermelho ou ver coisas que não existiriam! Ou nos faria pensar que um quadrado tem quatro lados, quando seriam cinco lados!

Dessa forma, não podemos inferir, a partir de nossas percepções, que o mundo é tal como o percebemos. Não somente não sabemos como o mundo é, mas o próprio mundo poderia não existir. Enquanto não se eliminar a hipótese do gênio maligno, não poderemos garantir que as coisas causam em nós percepções similares a elas.

Outra hipótese cética é a de que podemos estar sonhando no presente momento. Em muitos sonhos, temos a nítida impressão de que tudo ali existe e é real. Se sonho com um dia ensolarado e quente, creio firmemente, enquanto durmo, que aquela praia e aquele mar existem e que posso neles passear e mergulhar. Na verdade, não há uma linda praia com mar esverdeado na qual caminho. De fato, estou mais ou menos parado em minha cama, à noite. Se comparo com cuidado o que percebo em meus sonhos e o que percebo durante a vigília, não constato nenhuma diferença importante. Nos sonhos, eu caminhava, isto é, eu me movia deliberadamente; minhas ações eram fruto de minha vontade e eu as comandava como comando agora meus dedos sobre o teclado do computador; nos sonhos, eu via claramente pessoas e distinguia objetos, tal como agora vejo a xícara de café ao lado do livro. Tanto no momento em que eu sonhava, quanto agora ao escrever, minhas percepções persuadem-me por completo de que o mundo é tal como o percebo. Todas as características das percepções da vigília são ou podem ser reproduzidas pelas percepções do sonho. Assim, é bem possível que o que eu julgo existir agora não exista de fato.

Mas alguém poderia dizer que, quando despertos, não acreditamos mais no que sonhamos. É bem verdade que, agora, não creio mais naquilo com que sonhei; mas, no momento preciso em que sonhei, eu acreditava neles tanto quanto creio na existência de meu computador nesse instante. Por isso mesmo, pode ser que, agora, isso em que creio firmemente pode não existir. Na verdade, eu posso estar sonhando com essa xícara de café e, ao meu lado, existir somente um despertador. A hipótese de que tudo não passa de um sonho também nos leva a suspeitar de que o mundo pode ser bem diferente de como o percebemos.

A idéia básica das hipóteses céticas é que nossas percepções podem ser produzidas por diferentes causas e não podemos jamais saber qual e como é a sua causa real. Há várias alternativas para dizer o que é que realmente percebemos e, *enquanto não excluirmos as alternativas apresentadas pelo cético, não poderemos afirmar nada com certeza*. O esquema do argumento cético apoiado nessas hipóteses é o seguinte: (1) eu não sei que não-H (H é uma hipótese cética); (2) se eu não sei que não-H, então eu não sei que C (C é um conhecimento comum); (3) logo, eu não sei que C.

É possível encontrar outro padrão nos argumentos céticos. Uma vez que nossas sensações poderiam ser exatamente como são, qualquer que fosse a sua causa, *não podemos jamais inferir com segurança, a partir da percepção, que o mundo é sua verdadeira causa, nem como ele realmente é.*

O padrão dos argumentos céticos é, nessa versão, o seguinte: (a) nós precisamos inferir o conhecimento de um domínio específico a partir de certas evidências; mas (b) nenhuma inferência a partir das evidências é segura ou confiável; logo, (c) não há como justificar nosso conhecimento com base nas evidências de que dispomos.

O cético aplica esse padrão de argumentação para vários outros problemas filosóficos, como o problema do conhecimento da mente de outras pessoas. Como saber o que se passa na mente de outra pessoa? (a) Esse conhecimento precisa ser inferido a partir da observação do seu comportamento. Ninguém vê a alegria ou a tristeza de uma pessoa, mas somente o seu sorriso ou seu choro. (b) Essa inferência, entretanto, não é segura, pois, por exemplo, uma pessoa sempre pode estar fingindo o que sente. Pode também acontecer que o comportamento dos outros esteja associado a estados mentais diferentes dos meus. O cético dirá, ainda, que é possível que a outra pessoa seja apenas um andróide tão perfeito, que imita o comportamento dos seres humanos, mas não tem uma mente, tal como nos filmes *Blade Runner* e *O exterminador do futuro*. (c) Sendo insegura a inferência, jamais poderemos saber o que se passa na mente de outras pessoas, ou mesmo se elas têm mente.

Outro problema levantado pelo cético é o conhecimento do futuro. (a) Uma vez que o futuro ainda não ocorreu, é preciso inferi-lo a partir do que foi observado no passado. (b) Mesmo quando nossa previsão baseia-se numa regularidade observada ou numa lei da natureza, nada nos garante que essa regularidade continue a existir ou que a natureza não possa mudar de rumo. Não há contradição em supor que as leis da natureza sejam alteradas a qualquer momento. Assim, não há como garantir uma inferência baseada no passado para o futuro. (c) Conseqüentemente, não podemos justificar nenhuma crença sobre o futuro.

Na verdade, diz o cético, sequer sabemos se o passado existe. (a) Nossas crenças sobre o passado baseiam-se em lembranças, memórias, relíquias etc. O passado somente é acessível por meio de certas coisas presentes; é preciso inferi-lo a partir de certos traços atuais que apontam em sua direção. (b) Mas essa inferência não é garantida, pois é possível, por exemplo, que Deus tenha criado o mundo há cinco minutos com todas as características que indicariam que ele foi criado há milhões de anos. Nossas memórias de uma infância feliz teriam sido implantadas em nós cinco minutos quando fomos criados. Essa idéia foi explorada em um conto de Phillip Dick, depois transformado no filme *O vingador do futuro*, em que, em vez de sair de férias, paga-se a uma agência para implantar no cérebro férias inesquecíveis. Após o implante, a pessoa crê firmemente que de fato vivenciou o que foi implantado. (c) A conclusão a ser extraída é que jamais estamos justificados em nossas crenças acerca do passado, sequer que ele existiu.

O cético propõe, ainda, um *dilema*. De um lado, um conjunto de conhecimentos deve ser inferido a partir de outro conjunto que não é questionado. Assim, todos os nossos conhecimentos sobre o mundo devem ser inferidos a partir do conhecimento de nossas percepções; aqueles sobre outras mentes, a partir do conhecimento do comportamento; aqueles sobre o futuro, a partir do conhecimento sobre o passado; aqueles sobre o passado, a partir do conhecimento sobre o presente. *A dúvida sobre a totalidade de um conjunto de conhecimentos exige que a justificação se dê a partir de um outro conjunto de conhecimentos.* Mas, como vimos, o cético argumenta que isso é *impossível*.

De outro lado, *não se pode justificar um conjunto de conhecimentos a partir desse próprio conjunto.* Isso seria uma *petição de princípio*, isto é, assumir precisamente o ponto em questão. Por exemplo, para justificar um conhecimento sobre outra mente, não podemos recorrer a outro conhecimento sobre a mente de alguém. Se inferimos que João está triste, não podemos justificar nossa crença afirmando que João se lembrou da morte recente de sua cachorra, pois lembrar é um estado mental e o cético questionou tudo o que conhecemos sobre estados mentais alheios. Se não sabemos nada sobre a mente de João, então não sabemos que ele está triste, nem que ele se lembrou de algo. Tudo o que sabemos sobre a mente de João foi posto em questão e precisa ser justificado.

Do mesmo modo, não posso justificar minha crença de que o livro está na cama apelando para o fato de que ontem eu o deixei ali e, depois, tranquei a porta para ninguém entrar. Ora, se todos os meus conhecimentos sobre o mundo foram questionados e precisam ser justificados, também o meu conhecimento de que há uma cama e uma porta trancada precisa ser justificado. As dúvidas céticas questionam *a totalidade* de um certo conjunto de conhecimentos e, portanto, a justificação precisa apoiar-se em um outro conjunto. Quando os filósofos tentam responder ao cético apelando ao mesmo conjunto que é questionado, eles cometem uma petição de princípio.

Assim, se apelamos para o mesmo conjunto de conhecimentos que é questionado, cometemos uma petição de princípio; se recorremos a outro conjunto, as várias hipóteses céticas mostram que a inferência é insegura e que nossas crenças não estão justificadas. Não há como escapar desse dilema cético.

Há um outro argumento cético para mostrar que não podemos justificar nossas crenças e, portanto, que não temos conhecimento. O cético visa mostrar as dificuldades inerentes ao processo de justificação para garantir a verdade de nossas crenças. Para o cético, a idéia mesma de uma justificação é *altamente problemática* e *conduz a um impasse insolúvel*.

Suponha que tenhamos uma crença p, por exemplo, de que o vácuo existe. Essa crença pode ser objeto de controvérsia, isto é, alguém poderia sustentar $\sim p$, ou seja, que o vácuo não existe. Na medida em que há controvérsia, é preciso que se justifique uma opinião, que se dêem razões para aceitar p, e para recusar $\sim p$ (ou vice-versa). Podemos justificar p a partir de outra crença, digamos q (o movimento existe). Mas podemos perguntar novamente: por que afirmar q e não $\sim q$ (o movimento não existe, ele é só aparente)? Podemos, então, responder que aceitamos q (e rejeitamos $\sim q$) tendo em vista r (só há movimento onde há vácuo). Ora, mas novamente se coloca a questão: por que afirmar r e não $\sim r$ (pode haver movimento mesmo sem vácuo)? É fácil perceber que esse processo se segue indefinidamente, que ele não tem fim. Trata-se de uma *regressão ao infinito*. Se quisermos uma justificação, não podemos seguir por esse caminho infindável.

Uma aparente solução é parar em algum lugar e dizer que tal crença (digamos, a crença em r) é evidente por si mesma e não precisa ser justificada. Adota-se, assim, sem justificação a crença em r como ponto de partida para a justificação de q e de p. No entanto, esse é *um procedimento arbitrário*: por que afirmar r sem justificação? Alguém poderia afirmar $\sim r$ e, caso pedíssemos a ele uma razão, ele poderia igualmente recusar-se a apresentá-la, alegando que $\sim r$ é auto-evidente e carece de justificação. É, portanto, uma completa arbitrariedade afirmar r ou $\sim r$. Ademais, se adotamos uma crença arbitrariamente, para servir de base para todo o edifício das justificações (r justifica q que justifica p), por que já não afirmar de modo arbitrário, desde o princípio, p?

Uma outra tentativa seria, por exemplo, justificar r a partir de p. Nesse caso, não incorreríamos nem numa regressão ao infinito, nem na adoção arbitrária de uma crença. Entretanto, justificar p a partir de q, q a partir de r e r a partir de p não está isento de outra dificuldade, já que estamos raciocinando em círculo. *Uma justificação circular não é, propriamente falando, uma justificação*. No final das contas, tudo o que se consegue com esse raciocínio circular é assumir p para justificar p. Mas p era exatamente o que estava em questão e não se pode assumir um ponto controverso para justificá-lo.

Parece, entretanto, que toda justificação que pretenda garantir a verdade de uma crença ou leva a uma regressão ao infinito, ou a uma adoção arbitrária de uma crença, ou a um raciocínio circular. Se esse é o caso, então não há nenhuma justificação para nossas crenças. Para qualquer par de crenças contraditórias, p ou $\sim p$, não disporemos de uma razão que nos faça preferir uma delas em detrimento da outra. A conclusão se impõe por si mesma: sem justificação, não temos nenhum conhecimento.

Respostas ao desafio cético

Uma das reações possíveis ao desafio cético é simplesmente rejeitar toda essa reflexão como estapafúrdia e despropositada. Talvez essa reação seja a mais natural, já que parece absurdo duvidar de que estou sentado numa cadeira ou de quaisquer outros conhecimentos banais que temos. Essa reação ressalta a força superior com que nossas crenças ordinárias estão implantadas em nós. Comparados a crenças como a de que estou sentado numa cadeira, os argumentos céticos não são persuasivos. Colocando em uma balança as crenças ordinárias e os argumentos céticos com suas hipóteses extravagantes, é evidente que a balança penderá facilmente para o lado das primeiras. Podemos chamar a essa posição filosófica de *filosofia de senso comum*, já que ela defende a verdade de muitas de nossas crenças comuns (mas não de todas!).

Retomemos o esquema do argumento cético:

(1) Eu não sei que não-H;

(2) Se eu não sei que não-H, então eu não sei que C;

(3) Logo, eu não sei que C.

Para o filósofo de senso comum, a premissa (1) é *problemática*, pois podemos mostrar a falsidade das hipóteses céticas. É fácil notar que a premissa (2) é uma rua de mão dupla. Podemos usá-la em um *modus ponens*: se afirmarmos o antecedente, como faz o cético com sua premissa (1), chegaremos à conclusão (3). Mas podemos usá-la em um *modus tollens*: se negarmos o conseqüente da premissa (2), como faz o filósofo de senso comum apoiando-se em nossas crenças comuns, então negaremos a premissa (1).

Assim, o filósofo de senso comum propõe o seguinte argumento contra o cético:

(4) (= não-3) Eu sei que C;

(5) (= 2) Se eu sei que C, então eu sei que não-H;

(6) (= não-1) Logo, eu sei que não-H.

Os argumentos do cético e do filósofo de senso comum são exatamente opostos, visto que o que um aceita como premissa é negado pela conclusão do outro. Como decidir entre eles? Do ponto de vista lógico, ambos são perfeitamente válidos, já que a verdade das premissas implica a verdade da conclusão. Assim, será preciso outro critério para decidir qual deles devemos aceitar.

A aceitação da premissa (2) coloca como questão crucial saber se devemos aceitar a premissa (1) ou a premissa (4). De início, o cético parece levar vantagem. Ele poderia invocar a suspensão de juízo e dizer que, no fundo, não há como escolher entre as duas premissas, pois a aceitação de qualquer uma delas seria arbitrária. Mas isso significa dizer que nenhum argumento é rejeitado e, portanto, a hipótese cética permanece de pé. Basta-lhe que as hipóteses céticas não sejam rejeitadas, isto é, sejam possíveis, para que seu raciocínio triunfe: o empate é sua vitória.

Para o filósofo de senso comum, é fácil optar entre esses dois argumentos, uma vez que as hipóteses céticas são meramente especulativas e as crenças comuns, muito sólidas. A seu ver, a escolha por uma das premissas se resolve em termos de "certeza": de qual dessas premissas estamos mais certos ou seguros? Aqui, afirma o filósofo de senso comum, não pode haver dúvidas: estamos muito mais certos de que usamos roupas do que da possibilidade de sermos cérebros em um balde. Assim, o argumento contra o cético é muito mais convincente do que o argumento que quer abalar nossas crenças mais firmes.

O que pensar dessa resposta do filósofo de senso comum? Embora engenhosa e, por isso mesmo, muito debatida, ela obteve poucos adeptos. Esse é um fato curioso, já que parece evidente que, se tivermos de optar entre as premissas (1) e (4), o natural é optarmos pela premissa (4).

Para entendermos a falta de adesão à proposta do filósofo de senso comum, examinemos outro argumento que ele apresenta contra o cético. Provar a existência de um mundo exterior, ou de coisas que fazem parte desse mundo, é provar a existência de coisas que podem ser encontradas no espaço. Entre as coisas que podem ser encontradas no espaço, estão bolhas de sabão, sombras, árvores, cadeiras etc. Há coisas que, embora espaciais, não podem ser encontradas no espaço, como imagens no espelho. Se quisermos provar a existência de coisas externas, então devemos mostrar pelo menos duas coisas externas. Quaisquer duas coisas externas servem para a prova exigida pelo cético. Assim, levantando uma mão e dizendo "Eis uma mão" e levantando outra mão e dizendo "Eis outra mão", o filósofo de senso comum oferece a seguinte prova da existência do mundo exterior:

(7) Eis uma mão;

(8) Eis outra mão;

(9) Logo, existe um mundo exterior.

Essa prova comete uma petição de princípio, pois se o cético questiona a totalidade de nossos conhecimentos sobre o mundo exterior, então não se pode usar uma parte desse conhecimento para justificá-lo. O cético, obviamente, não aceitará as premissas (7) e (8). Esse, entretanto, não é o principal defeito da prova.

O filósofo de senso comum oferece essa prova para estabelecer teses metafísicas acerca da realidade e garantir o nosso conhecimento comum dessa realidade diante dos ataques céticos. Para isso, ele recorre a certas crenças ou conhecimentos comuns, que todos aceitamos. Mas a questão é: quando todos nós (o cético inclusive) aceitamos que temos duas mãos, será que nossa crença tem o sentido metafísico requerido para decidir a questão filosófica?

O erro do filósofo de senso comum é o de não perceber que, por trás das discussões filosóficas, há um conceito de objetividade diferente daquele que usamos no cotidiano ou que nesse está implícito. Enquanto em nossas vidas cotidianas pensamos e agimos de acordo com uma noção vaga de objetividade, sem distinguir de maneira precisa coisas percebidas de coisas reais, os filósofos (entre os quais se incluiriam os céticos) pensam de acordo com uma noção mais exata e refinada de objetividade.

Quando céticos e filósofos discutem sobre a realidade do mundo, eles não discutem se o que mexo são duas mãos (ou dois pés, ou duas cadeiras), mas se, para além do que me aparece (como sendo duas mãos), existem realmente duas mãos. Nossas crenças comuns não têm a pretensão de uma objetividade absoluta, não visam uma realidade para além do que nos aparece. Entretanto, o filósofo de senso comum atribui a essas crenças um peso metafísico, por assim dizer, que elas não têm. Esse é o seu erro: julgar que as crenças comuns dos homens são metafísicas. Se atribuímos a elas esse sentido, então não são mais tão seguras quanto gostaria o filósofo de senso comum. Na verdade, *interpretadas metafisicamente, as crenças comuns são controversas* e, por isso mesmo, não ganharam a adesão de quase ninguém.

Há outro argumento, proveniente do *externalismo semântico*, contra a premissa (1) e as hipóteses céticas. Esse argumento parte dos nossos pensamentos sobre o mundo e afirma que as hipóteses céticas são incompatíveis com a possibilidade de ter tais pensamentos. Segundo esses filósofos, é uma condição necessária dos pensamentos que temos acerca do mundo que estejamos em contato causal direto com o mesmo (e, portanto, a causa de nossos pensamentos não poderia ser um supercomputador etc.). Não fosse assim, não poderíamos pensar como de fato fazemos. Esse argumento poderia ser expresso assim:

(10) Eu penso que *p* (a água é molhada);

(11) Nenhum cérebro em um balde seria capaz de pensar que *p* (a água é molhada);

(12) (= não-1) Logo, eu não sou um cérebro num balde.

Pode-se defender a força desse argumento da seguinte maneira: a premissa (10) é inquestionável, pois é fato que temos uma série de pensamentos e crenças sobre o mundo. O que é controverso é somente se essas crenças são verdadeiras e se elas podem ser justificadas adequadamente. O problema reside, pois, na aceitação da premissa (11).

Argumenta-se que somente podemos pensar nas coisas com as quais temos contato causal. Isto é, se jamais tivéssemos visto, tocado, bebido etc. água, não seríamos capazes de pensar sobre ela. A maior parte de nossos pensamentos sobre o mundo depende de nossa interação com ele. Um cérebro num balde não tem contato com o mundo, mas apenas com um supercomputador e, portanto, não poderia pensar sobre a água. Esse cérebro estaria em contato somente com impulsos provenientes do computador que simulariam a sensação da água e isso não seria suficiente para pensar na mesma.

Um problema óbvio é o de que temos muitos pensamentos que não dependem desse contato causal com o mundo. Por exemplo, podemos pensar em sereias e unicórnios sem jamais termos entrado em contato com eles simplesmente pela razão de que são criaturas fictícias. Por que não poderia ser esse o caso de todas as nossas crenças sobre o mundo? Nossos pensamentos podem compor coisas novas a partir de elementos mais simples, como bem quisermos: misturando as idéias de mulher e de peixe, criamos a de sereia. Além disso, usamos muitas palavras cujo significado mal conhecemos. Por exemplo, falamos de árvores que nunca vimos e que sequer podemos identificar, mas sabemos que um botânico as viu e poderia distingui-las. Assim, apelamos à comunidade de falantes para dar significado a palavras que se referem a coisas com as quais nunca interagimos.

O externalista semântico tem resposta pronta para essas duas objeções. Com relação ao segundo ponto, diz que não podemos recorrer a uma comunidade de falantes simplesmente porque ela não existe, visto que, por hipótese, somos somente um cérebro num balde em contato com um supercomputador. Quanto ao primeiro ponto, diz que pensamentos sobre sereias e unicórnios pressupõem que estejamos em contato causal com mulheres e peixes, de forma que precisamos não só distinguir entre os pensamentos imaginados por nós e aqueles que provêm de nosso contato com o mundo, como também mostrar que todos os pensamentos sobre coisas fictícias dependem de pensamentos sobre coisas reais que resultam de nossa interação com o mundo. Assim, a tese do externalismo semântico permaneceria de pé: somente podemos pensar sobre o mundo (seja sobre coisas reais, seja sobre coisas imaginárias) se estivermos em contato causal com ele.

Essas respostas, contudo, não resolvem a questão. Em primeiro lugar, por que o supercomputador não poderia estar no lugar da comunidade de falantes? Quando o cérebro num balde não sabe discriminar um carvalho de um elmo, ele defere ao supercomputador essa tarefa (ou às pessoas virtuais que cria), já que este é capaz de discriminá-los.

Em segundo lugar, se distinguirmos entre pensamentos sobre coisas imaginadas por nós e pensamentos básicos sobre coisas reais que resultam do contato causal com o mundo, torna-se ainda mais aguda a questão de saber se o mundo é tal como nós o pensamos. O pensamento de que a água é molhada é certamente complexo — e pensamentos complexos podem ser sobre coisas fictícias, produzidas por nossa imaginação a partir de pensamentos mais básicos sobre coisas reais. Todos os pensamentos sobre as coisas que pensamos que compõem o mundo (árvores, pedras, casas, pessoas etc.), bem como suas propriedades (cor, cheiro, forma etc.) são pensamentos complexos. Ora, as coisas reais dos pensamentos básicos que servem para compor os complexos seriam forçosamente muito diferentes destes. Assim, o mundo seria composto de coisas muito diversas de pedras, árvores, carros, casas, pessoas; o mundo não seria colorido, as flores não teriam cheiro, os alimentos não teriam gosto etc. Chegamos novamente à hipótese cética, a de que nossas crenças comuns são falsas e que o mundo pode ser totalmente diferente de como o concebemos.

Muitos preferiram *questionar* a premissa (2), uma vez que o cético parece ter razão em aceitar a premissa (1). Relembremos o argumento cético: (1) eu não sei que não-H; (2) se eu não sei que não-H, então eu não sei que C; (3) logo, eu não sei que C.

A premissa (2) parece aceitável porque é um procedimento comum excluir alternativas incompatíveis para sabermos alguma coisa. De fato, para saber se uma ave é um pintassilgo, preciso excluir a possibilidade de que seja um pica-pau. Se eu não souber que tal ave não é um pica-pau, não posso saber que é um pintassilgo. Mas não é difícil saber isso: ambos têm a cabeça avermelhada, mas somente os pintassilgos têm o corpo amarelado. Normalmente, sempre que há uma dúvida sobre se uma coisa é isso ou aquilo, temos procedimentos comuns para decidir a questão.

O cético ampliaria excessivamente essa exigência comum de excluir alternativas incompatíveis. Ele entende que nenhum procedimento comum poderia resolver a questão filosófica, pois, ao formular suas hipóteses, ele anula a eficácia desses procedimentos para saber alguma coisa. As evidências que usamos para afirmar algo são neutralizadas pelas hipóteses céticas. Temos procedimentos para decidir se estamos sonhando (por exemplo, posso me beliscar), mas se supusermos que sempre podemos estar sonhando, então todos esses procedimentos poderiam ser imaginados (posso sonhar esse beliscão). Assim, os procedimentos para saber se tal ave é um pintassilgo ou um pica-pau poderiam estar sendo sonhados ou enviados por um supercomputador. Para saber algo, precisaríamos de um procedimento que fosse imune às hipóteses céticas.

Somente tem sentido exigir um procedimento que seja imune às hipóteses céticas se essas hipóteses forem alternativas que devam ser excluídas no processo de conhecimento. Para o cético, elas devem sê-lo, pois ele supõe que *toda* alternativa que sabemos ser incompatível com o que afirmamos deve ser excluída. Uma afirmação, diz o cético, tem infinitas conseqüências lógicas. Se digo "Isso é um pintassilgo", então se segue não somente que "Isso não é um pica-pau", mas também que "Isso não é um pintassilgo sonhado". Se sabemos essa implicação lógica e se não sabemos que isso não é um pintassilgo sonhado, então não sabemos que "Isso é um pintassilgo".

Entretanto, *nem toda alternativa que sabemos ser incompatível com o que afirmamos precisaria ser excluída para conhecermos alguma coisa*. Nesse sentido, é preciso distinguir, entre as alternativas incompatíveis, aquelas que são relevantes das que não o são. Somente as primeiras devem ser eliminadas. A identificação das alternativas relevantes depende do contexto. Se estamos num bosque, a alternativa a ser excluída para saber que a ave é um pintassilgo é ser um pica-pau. Em um museu, a alternativa relevante é ser um pintassilgo empalhado. Já em um quarto de criança, é ser um pintassilgo de brinquedo. Assim, para dizer que alguém sabe alguma coisa basta que essa pessoa dê boas razões para excluir as alternativas relevantes de acordo com o contexto.

As hipóteses céticas são, nessa visão, alternativas irrelevantes e, como tais, não precisariam ser excluídas para sabermos algo. Por exemplo, o cético supõe que tudo poderia ser um sonho. Mas estar sonhando é uma alternativa relevante somente em contextos muitos específicos e não pode ter a generalidade pretendida pelo cético. Se estou acordando, posso talvez duvidar do que ouvi no meio da noite. E posso checar se alguém gritou na casa ao lado ou se apenas sonhei com o grito. Mas, ao perguntar ao meu vizinho se alguém gritou, não tem sentido levantar a hipótese de que estou sonhando que faço uma pergunta a ele. Assim, os contrastes estabelecidos pelas hipóteses céticas são, todos eles, irrelevantes na maioria dos contextos, se não em todos eles.

Em que contexto o contraste entre ser uma pessoa e ser um cérebro em um balde é relevante? É claro que podemos imaginar uma situação em que isso aconteceria (e o filme *Matrix* oferece um tal contexto). Mas, em nossas vidas cotidianas, esse é um contraste irrelevante. Assim, para saber agora que estou sentado numa cadeira, não preciso eliminar a hipótese cética de que em volta do meu cérebro há apenas um balde com um líquido nutriente. E, ainda que seja verdade que "Se eu for um cérebro em um balde, então não estou sentado numa cadeira", não se segue que eu deva excluir a possibilidade de ser um cérebro em um balde para que saiba que estou sentado numa cadeira. Na situação em que me encontro, estar realmente sentado poderia ser contrastado com estar de pé ou estar ajoelhado, mas não com ser um cérebro imerso em um balde!

O cético quer distinguir entre um pintassilgo real e um pintassilgo não-real (sonhado, virtual em um cérebro, enviado por um gênio maligno). Mas é preciso notar que não há, como o cético pretende, um único contraste entre real e não-real. Ao usarmos normalmente a palavra "real", estabelecemos vários tipos de contraste conforme o contexto. Por exemplo, para saber se uma jóia é um diamante verdadeiro (ou real) precisamos eliminar a possibilidade de ser um diamante falso (de vidro). Para saber a cor real do cabelo de alguém, precisamos eliminar a possibilidade de ser tingido. "Real" adquire significado somente em relação àquilo que queremos excluir. É a alternativa relevante que confere sentido a "real": conforme falamos de um diamante falso, de uma cor tingida, de uma ave empalhada, "real", em "diamante real", "cor real" e "ave real", terá diferentes significados. Igualmente, a expressão "pássaro real" terá diferentes significados se a opusermos a "pássaro empalhado" ou "pássaro de brinquedo".

Essa resposta ao ceticismo, entretanto, *não distingue entre as condições de afirmação e as condições de conhecimento*. Para afirmar que é um pintassilgo real, se estamos em um bosque, basta excluir a possibilidade de que seja um pica-pau. Todos aceitaremos que a afirmação está justificada e não há por que censurar quem a fez. Mas, suponha que uma criança resolveu nos pregar uma peça colocando estrategicamente seu pintassilgo de madeira em um galho alto da árvore. Para saber que é um pintassilgo real, é preciso eliminar também essa possibilidade. As condições de afirmação exigem que afastemos somente as alternativas relevantes, mas as condições de conhecimento são mais exigentes: determinam que excluamos todas as alternativas que sabemos ser incompatíveis com o que afirmamos.

Essa resposta ao ceticismo ignora ainda outra distinção, a saber, *a distinção entre um contexto prático e um contexto teórico*. Tudo o que se disse é correto para o contexto prático de nossos conhecimentos cotidianos. Quando, em nossas vidas, queremos saber se é um pintassilgo ou um cabelo loiro, então precisamos excluir somente as alternativas relevantes (não empalhado, não tingido). Razões de ordem prática nos desobrigam de excluir outras alternativas. Se quero saber se o diamante que estou comprando é verdadeiro, basta-me saber que não é de vidro (ou outro material qualquer) e não preciso eliminar a possibilidade de que estou sonhando. Esse não é um cuidado que eu preciso ter para não ser enganado. Usando o exemplo de F. Dretske, se estou num zoológico, vejo zebras e leio na placa "zebras", eu sei que são zebras e não preciso excluir a possibilidade de que são mulas pintadas para enganar os visitantes. Dado o que sei sobre zoológicos, essa não é uma alternativa relevante. Num contexto prático, em geral vigoram apenas as condições mais frouxas de afirmação, não as de conhecimento, mais estritas.

Mas em filosofia o contexto é puramente teórico e, portanto, as considerações de ordem prática não têm importância alguma. Num contexto prático, essas considerações impõem restrições às alternativas e determinam quais são relevantes e quais não são. Quando filosofamos queremos saber qual é a verdade sobre alguma coisa. Aqui, não nos damos por satisfeitos com as meras condições de afirmação e valem as condições mais exigentes do conhecimento. *Desse ponto de vista puramente teórico, toda alternativa que sabemos ser incompatível com o que afirmamos é relevante, isto é, precisa ser excluída.* Se sabemos que uma alternativa (por menos provável ou por mais remota que seja) implica a falsidade do que cremos, então, enquanto não a excluirmos, não podemos afirmar sem sombra de dúvida que nossa crença é verdadeira e constitui um saber.

O cético concede que suas hipóteses não são relevantes nos contextos práticos de nossas vidas. Mas ele nunca as propôs como se fossem relevantes para nossas ações no mundo e sempre teve claro que essas hipóteses deveriam ser excluídas somente em um contexto teórico no qual se busca o conhecimento, não a afirmação razoável. Assim, a premissa (2) pode ser aceitável ou condenável, segundo o contexto em que se insere. Em contextos práticos, ela deve ser recusada: as hipóteses céticas são irrelevantes e não precisam ser excluídas para uma pessoa fazer uma afirmação razoável. Mas, em contextos puramente teóricos, como é o caso da filosofia, ela é aceitável: as hipóteses céticas são relevantes, já que sabemos que a verdade das hipóteses céticas implica a falsidade da afirmação de que sabemos algo sobre o mundo.

Examinemos agora uma crítica muito diferente ao ceticismo, segundo a qual *as hipóteses céticas são incoerentes.*

Essas hipóteses têm duas partes. O cético, de um lado, atribui às pessoas uma série de crenças sobre o mundo e, de outro, supõe que essas podem ser falsas. Se muitas de nossas crenças assim se revelaram, por que não poderiam ser falsas todas elas? Obviamente, não se segue do fato de que cremos em alguma coisa que essa crença seja verdadeira. A idéia mesma de crença é que ela pode ser verdadeira ou falsa. Haveria, nesse sentido, uma independência lógica entre crença e verdade.

Somente quando examinamos as condições necessárias para a atribuição de crenças a outras pessoas percebemos a incoerência da hipótese cética, pois vemos que *não se pode simultaneamente atribuir às pessoas um conjunto amplo de crenças e supor que todas essas crenças são falsas*. Para que possamos atribuir crenças aos outros, é preciso que essas sejam em grande parte verdadeiras. É certo que muitas crenças são falsas, mas a maioria delas têm que ser verdadeiras. Assim, não haveria independência lógica entre crença e verdade: *a crença seria, em sua natureza, verídica*.

A questão é saber como o cético, ou qualquer um de nós, pode atribuir crenças às pessoas. Consideremos a situação mais simples de comunicação, na qual uma pessoa fala a respeito de um objeto para outra que a escuta. Para haver comunicação, é preciso que uma pessoa emita um som, aprovando o que diz e olhando para um objeto no mundo, e que outra ouça o som emitido, perceba a aprovação, olhe para o mesmo objeto que o falante e constate do que se trata. Se, por exemplo, se trata de um livro azul, então o ouvinte pode interpretar o som emitido como significando "o livro é azul".

Nessa comunicação, já podemos aprender algumas condições necessárias para a atribuição de crenças. Em primeiro lugar, é preciso de pelo menos duas pessoas, uma que emite um som aprovando o que diz (o falante) e outra que interpreta o som emitido (o intérprete). *Não há linguagem que pertença essencialmente a uma única pessoa, já que, em princípio, toda emissão sonora significativa é interpretável.* A comunicação exige ainda um terceiro pólo, que é o mundo ou, mais especificamente, o referente do som emitido, isto é, aquilo de que se fala. Há, assim, uma *triangulação*, isto é, três vértices para que possa haver comunicação.

Em segundo lugar, *o intérprete deve, ele próprio, ter uma opinião sobre como o mundo é*. Se ele não julgasse que o livro é azul, não poderia jamais atribuir ao outro a crença de que o livro é azul. Caso o julgasse vermelho, ele atribuiria ao outro a crença "o livro é vermelho"; ou, caso julgasse que o objeto fosse um copo, atribuiria a crença "o copo é azul". Sem uma opinião sobre como o mundo é, o intérprete estaria em apuros para sua interpretação, já que lhe faltaria um conteúdo específico para atribuir ao outro. Assim, a crença atribuída depende fundamentalmente da crença que tem o intérprete.

Em terceiro lugar, *a crença atribuída depende de um princípio metodológico de interpretação, o princípio de caridade*. Devemos atribuir, por um lado, crenças coerentes, ou as mais coerentes, umas com as outras e, por outro, crenças adequadas ao mundo, isto é, atribuir o maior número de crenças verdadeiras que pudermos. Somente desse modo podemos tornar inteligível o comportamento verbal do falante.

Em quarto lugar, a crença atribuída depende não somente do que crê o intérprete e do que esse, conforme o princípio de caridade, lhe atribui, mas também de como o mundo é. Um mesmo objeto no mundo causa no falante e no intérprete a crença de que o livro é azul. *O conteúdo de uma crença é, ao menos em parte, determinado pelo referente ou causa comum*, o terceiro vértice da triangulação. É essencial que o intérprete olhe para o mesmo objeto para o qual o falante está olhando, isto é, que ele identifique o objeto referido pelo falante, pois é esta causa comum que permitirá a comunicação entre ambos e a verdade da crença compartilhada.

Esse último ponto é fundamental para a refutação do ceticismo. A *raiz do ceticismo* residiria na suposição de que *o conteúdo de nossas crenças não depende do mundo*. O ceticismo surgiria quando supomos uma entidade intermediária entre o mundo e as crenças que determinaria o conteúdo de nossas crenças (por exemplo, nossas sensações e idéias). Somente com essa suposição poderíamos suspeitar de uma separação entre nossas crenças e sua verdade, já que essas supostas entidades determinariam um conteúdo para nossas crenças que poderia não corresponder a como o mundo é. Mas se o conteúdo das crenças é diretamente determinado pelo acontecimento ou objeto no mundo, então *as crenças não podem ser falsas*. Se a causa comum fosse outra (se o livro fosse vermelho), o conteúdo da crença seria outro (o livro é vermelho); por isso mesmo, sempre haveria adequação do conteúdo da crença à sua causa no mundo.

Outra maneira de formular esse pressuposto cético é dizer que podemos conhecer nossas crenças sem nada conhecer a respeito do mundo. Mas esse pressuposto é inaceitável, porque não é verdade que podemos conhecer nossas próprias crenças independentemente do mundo ou das crenças alheias. Refuta-se o ceticismo sobre o mundo exterior, ao mostrar-se que o conhecimento de minhas crenças depende de como o mundo é. Por exemplo, só se pode atribuir a mim a crença de que os objetos têm cores se eu for capaz de discriminar objetos coloridos, isto é, de identificar as cores dos objetos. Se eu confundir sistematicamente objetos de cores diferentes, serei cego para essas cores e não saberei distinguir entre minhas sensações de cor. Assim, para que eu possa saber quais são as minhas próprias sensações de cor, preciso conhecer as cores dos objetos. Ao conhecer minhas próprias sensações, conheço como o mundo é.

Também se pode refutar o ceticismo sobre outras mentes ao mostrar-se que o conhecimento de minhas crenças depende das crenças alheias. Isso se percebe mais claramente quando pensamos em uma criança que aprende a falar. É preciso que um adulto veja o comportamento de uma criança e a ensine a emitir certos sons em certas circunstâncias. Dessa maneira, a criança, também observando o adulto com seus sons e as circunstâncias, imitará esses sons e aprenderá uma série de coisas, adquirindo uma infinidade de crenças.

Para que possa saber que eu creio que o livro é azul, precisei aprender de um adulto a usar adequadamente as palavras "livro" e "azul" e isso somente foi possível nesse processo de aprendizado que depende fundamentalmente das crenças que me foram ensinadas e que fui capaz de perceber. Se não percebesse que ele acreditava que o livro é azul, eu não teria aprendido que o livro é azul. Há uma interdependência entre as minhas crenças e as dos outros. Se conheço meus pensamentos, também posso conhecer os pensamentos de outras pessoas.

Dessa maneira, percebemos também que *não há independência lógica entre crença e verdade*. Supor essa independência lógica foi o grande erro do cético. Ao examinar as condições de atribuição de crenças, vimos que um sistema de crenças pressupõe a verdade da maioria delas. É óbvio, se considerarmos cada crença isoladamente, o cético terá razão em dizer que há aquela independência lógica. Isoladamente, toda crença é verdadeira ou falsa. Entretanto, se tomarmos o conjunto amplo de crenças — e elas formam um conjunto bastante coeso — então veremos que as crenças são, em sua natureza, verídicas. Algumas podem ser, e de fato o são, falsas. Mas nem todas podem sê-lo e a generalização do erro é impossível. Somente sob um fundo de verdade pode surgir a falsidade. Caso contrário, o comportamento seria ininteligível, vale dizer, ininterpretável: não somente o comportamento seria contraditório, mas sobretudo sem nenhum ajuste com o mundo em que vivemos.

Finalmente, critica-se a maneira cética de levantar problemas filosóficos separados uns dos outros. Por exemplo, assumindo que conhecemos nossas mentes, questionamos se conhecemos o mundo; ou, assumindo que conhecemos o comportamento dos outros e esquecendo que o conhecimento do mundo foi problematizado, questionamos o que se passa em suas mentes. Mas, para conhecer outras mentes, o cético deve saber como o mundo é e o que ele próprio pensa; para conhecer sua própria mente, ele deve conhecer o mundo e o que outras pessoas pensam; para conhecer o mundo, ele precisa conhecer o que pensa e o que os outros pensam. De fato, esses três tipos de conhecimento devem ser tratados conjuntamente (conhecimento do mundo, das outras mentes e da própria mente), e não em separado. Se abordarmos os três problemas céticos simultaneamente, como se pode fazer a partir do esquema da triangulação, então podemos responder ao desafio cético.

Deve o cético sentir-se refutado por uma tal argumentação? Há razões para pensar que não. Uma primeira seria notar que a triangulação, que permitiria responder simultaneamente a três questões céticas, apenas combina as dificuldades levantadas pelo cético, sem resolvê-las. Se o cético levanta questões sobre o mundo exterior, outras mentes e o autoconhecimento, uma resposta assumindo que nós sabemos o que se passa no mundo, qual atitude o outro tem diante do que enuncia e quais são nossas crenças, não pode senão parecer insatisfatória para as três questões. *Uma dificuldade é resolvida somente supondo que as outras não existem.* Recorrer à triangulação para responder ao mesmo tempo às três questões, portanto, pode ser uma boa maneira de explicar como, de fato, atribuímos crenças uns aos outros e julgamos como o mundo é, mas não parece uma boa maneira de responder ao desafio cético.

Outra razão é que toda essa análise sobre atribuição de crenças pressupõe justamente o que está em questão, cometendo uma *petição de princípio*. Trata-se de uma *epistemologia externalista*, segundo a qual as crenças são identificadas e justificadas da perspectiva de um intérprete (a *epistemologia internalista* é aquela que entende que o próprio sujeito deve justificar suas crenças). Esse intérprete, para atribuir crenças, deve ter uma opinião sobre como o mundo é; sem isso, ele não teria um conteúdo específico para atribuir ao falante. A crença atribuída ao falante está justificada *do ponto de vista do intérprete*, que aceita sua crença como verdadeira, como um conhecimento. Mas essa aceitação é arbitrária. Não somente o falante não saberia por que sua crença é verdadeira, mas sobretudo a justificação dessa depende da suposição injustificada e arbitrária de que a crença do intérprete é verdadeira.

O exame das condições de atribuição de crenças não exige que as crenças sejam verdadeiras, mas apenas que o intérprete julgue que as crenças atribuídas o sejam. Quando atribuímos uma crença a alguém, isso não pressupõe que ela seja verdadeira, mas somente que atribuímos aquela crença que *supomos ser verdadeira*. Não é contraditório atribuir uma crença falsa que eu compartilho. A única coisa contraditória seria atribuirmos crenças que não temos. O máximo que podemos dizer é que a crença atribuída é verdadeira da perspectiva de quem atribui a crença. Mas isso não garante a verdade da crença.

O que justificaria a verdade da crença do intérprete? Vimos que era fundamental a idéia de que o conteúdo da crença é determinado diretamente pelo objeto ou acontecimento a que essa se refere no mundo e que é a causa comum da crença do falante e do intérprete. A relação causal entre a crença e o mundo, entretanto, não garante a verdade da primeira, pois uma relação causal não determina o seu conteúdo. Um acontecimento ou objeto no mundo só contribui na determinação do conteúdo de uma crença quando é incorporado em um contexto comunicativo, em que as pessoas têm a intenção de dizer tais e tais coisas.

Nesse contexto, o papel causal é irrelevante e o que conta como o referente do que é dito e determina o conteúdo dos enunciados é aquilo que ambos tomam como referente, e não a causa real. Por exemplo, se ambos supõem que o referente é o livro azul, então o conteúdo do que dizem é "o livro é azul", mesmo que não seja dessa cor ou que não estejam falando de um livro. O exame das condições de atribuição de crença apenas mostra que ambos têm de compartilhar opiniões e julgar que a maioria das opiniões comuns são verdadeiras. Mas que eles compartilham opiniões e as julgam verdadeiras não implica que essas crenças são assim. Não se segue do fato de que temos crenças que julgamos verdadeiras que elas efetivamente o sejam. Intérpretes e falantes poderiam ambos estar errados.

Mesmo o princípio de que para atribuir crenças a alguém o intérprete precisa aceitar as crenças atribuídas, é questionável. Muitos filósofos simplesmente não o aceitam. De fato, nós atribuimos aos outros muitas crenças que não são compartilhadas: um ateu atribui aos outros crenças religiosas; um cristão atribui aos índios crenças em divindades que ele próprio não tem; os filósofos atribuem aos outros filósofos crenças que eles se esforçam por refutar.

No caso de crenças mais básicas e compartilhadas, cabe perguntar se não seria possível atribuí-las mesmo sem as ter. Por exemplo, poderíamos atribuir aos outros a crença de que os objetos são coloridos, mesmo sem compartilhá-la? Certamente sim. Esse é o caso de muitos filósofos: por meio da reflexão, foram levados a abandonar essa crença, mas, ainda assim, continuaram a atribuí-la aos outros. Pode ter sido fundamental que, para isso, eles, em certo momento de suas vidas, também tiveram tal crença. Mas, depois que a abandonaram, bastou que percebessem os objetos como sendo coloridos para que continuassem a atribuir adequadamente aos outros crenças sobre as cores dos objetos, uma vez que percebê-los coloridos não implica crer que o são.

Passemos, finalmente, ao argumento cético de que toda justificação ou leva a uma regressão ao infinito, ou à circularidade, ou à adoção arbitrária de uma crença. Ninguém defende a idéia de que seria possível dar uma justificação que implique uma regressão ao infinito. Poderia a circularidade não ser viciosa? E poderia a adoção de algumas crenças não ser arbitrária?

Filósofos fundacionistas defenderam a idéia de que há um conjunto de crenças básicas que, sendo evidentes por si mesmas, *dispensariam a necessidade de sua justificação*. Aliás, eles argumentam que, precisamente por serem básicas, seria contraditório pedir sua justificação. Elas serviriam de apoio para a justificação de todas as demais crenças. A idéia é que podemos usar essas crenças básicas para sustentar todo o edifício do conhecimento, justificando as demais crenças a partir delas. Assim, o problema levantado pelo cético simplesmente desapareceria.

Mas essa proposta enfrenta muitas dificuldades, das quais vale a pena ressaltar duas. Em primeiro lugar, nenhuma crença é aceita isoladamente, mas somente dentro de um conjunto de crenças articuladas entre si. Assim, nenhuma crença é, por si mesma, evidente. Somente aceitamos uma crença no contexto em que está inserida. Mesmo admitindo que algumas são mais básicas do que outras, devemos reconhecer que nenhuma crença tem o estatuto privilegiado de ser auto-evidente e que somente a aceitamos porque aceitamos todo um conjunto de crenças. E esse conjunto é aceito a partir de evidências de que dispomos para ele. Assim, *mesmo para as crenças mais básicas, há um sentido em que a sua aceitação é ou deve ser justificada.*

Em segundo lugar, o fundacionista deve mostrar como o edifício do conhecimento é ou pode ser justificado a partir de crenças básicas. Isso nunca foi feito e é difícil de acreditar que o possa ser. De um lado, as crenças básicas, se devem ser auto-evidentes, serão poucas; mas, se são poucas, a chance de justificar todo o conhecimento a partir delas é mínima. Como sustentar tão vasto e complexo edifício em umas poucas crenças? De outro lado, se admitimos muitas crenças básicas para facilitar a justificação de todo o conhecimento, provavelmente incluiremos entre essas algumas que certamente não serão auto-evidentes. O empreendimento fundacionista encontra-se, assim, diante de um impasse, cuja solução não é fácil vislumbrar.

O filósofo coerentista defende a idéia de que *não há problema em dar justificações circulares*. Como vimos, as crenças estão articuladas em um sistema bastante coeso, onde umas implicam as outras, conferem graus de probabilidade etc. Assim, nada mais natural do que a idéia de que, para justificar uma crença, devemos recorrer a outras, e assim por diante. Como elas se articulam numa rede, é natural que acabemos por voltar às crenças iniciais. A circularidade é intrínseca à idéia de que nossas crenças formam um todo articulado e somente justificamos uma crença quando ela se enquadra adequadamente no conjunto. Se ela destoa do conjunto das crenças, nós a repudiaremos como falsa e injustificada.

A teoria coerentista também enfrenta sérias dificuldades. Uma delas é que ela parece abolir a referência à realidade como um elemento fundamental em nossas justificações acerca do conhecimento do mundo. Ao enfatizar excessivamente a articulação entre as crenças, essa teoria se esquece de que estamos falando do mundo e que a experiência é um elemento decisivo em nossas justificações. *A uma crença, não basta adequar-se ao conjunto de crenças, é preciso também que esteja em conformidade com nossas experiências.*

Outra dificuldade provém do fato de que, em geral, não temos uma idéia clara dessa conexão entre as crenças: não sabemos quais são suas relações lógicas, nem sabemos que imagem se forma de sua combinação total. *Se as justificações dependem dessa articulação global, então não podemos justificar nada, uma vez que não temos uma visão global de nosso sistema de crenças.* Mais do que isso, o coerentista apenas supõe que temos um sistema de crenças logicamente articulado. De fato, não sabemos se nossas crenças se articulam da maneira sugerida pelo coerentista. *É bem provável que muitas de nossas crenças sejam contraditórias entre si* e, portanto, uma crença pode adequar-se a uma parte de nossas crenças, enquanto pode não estar ajustada a outra parte delas. Neste caso, ela estaria simultaneamente justificada e não-justificada.

Ceticismo e vida cotidiana

Antes de terminar, gostaria de corrigir um ponto fundamental sobre o qual a discussão atual a respeito do ceticismo parece estar equivocada. A princípio o ceticismo pareceu-nos a negação de todo e qualquer conhecimento, sobretudo dos conhecimentos mais triviais que temos em nossas vidas. Afinal, as hipóteses e argumentos céticos aparentavam dirigir-se principalmente às nossas crenças comuns. Parecia que nossos conhecimentos e crenças comuns deveriam ser defendidos do ataque cético por uma reflexão filosófica dogmática. Por essa razão, o filósofo de senso comum combateu o ceticismo apoiando-se em crenças comuns, muito mais sólidas que as hipóteses céticas.

Historicamente considerado, entretanto, *o ceticismo não é um ataque ao conhecimento e às crenças comuns.* Aos olhos dos céticos, são os filósofos dogmáticos que atacam nosso saber comum e desqualificam nossas crenças banais. Os dogmáticos recusam que sabemos o que cremos saber, porque *eles* têm em mente uma concepção muito forte de conhecimento e porque *eles* exigem uma justificação que garanta a verdade das crenças. Não somente devemos conhecer uma realidade absoluta ou em si mesma, mas também devemos dar razões ou justificações que não podem falhar em hipótese nenhuma, ou que se apóiam em princípios primeiros, ou em premissas primeiras, que elas próprias não precisam ser justificadas, dado seu grau de evidência (como é o caso dos fundacionistas). Diante dessas concepções dogmáticas de realidade e conhecimento, os dogmáticos desqualificaram nosso conhecimento cotidiano e as razões usuais que alegamos para dizer que sabemos tais e tais coisas. *Os céticos antigos, em sua polêmica com os dogmáticos, apenas exploraram a concepção de realidade e conhecimento, fazendo essa voltar-se contra os próprios dogmáticos.*

Naturalmente, devemos perguntar se os filósofos dogmáticos têm razão em investir contra nossos conhecimentos e crenças comuns apoiados nessa concepção de saber e realidade. Para os céticos, o ataque desferido pelos dogmáticos contra a nossa vida cotidiana é injustificável. É assim que devem ser interpretados os argumentos céticos: como uma maneira de mostrar que a pretensão filosófica de um conhecimento metafísico da realidade é impossível ou inalcançável. Se quisermos elaborar uma teoria filosófica, na qual teríamos um conhecimento justificado de uma realidade absoluta ou em si mesma, sem que o erro seja possível, então os argumentos céticos são armas poderosas para mostrar as dificuldades de uma tal teoria. *É o próprio projeto filosófico e metafísico que é posto em questão pelo cético, ao extrair suas dificuldades, impasses, dilemas e aporias.*

Chegamos, então, a uma inversão de onde partimos. *O ceticismo é uma defesa da vida cotidiana, justamente porque a preserva dos ataques dos filósofos dogmáticos, ao atacar somente estes últimos.* Assim, os céticos, longe de se verem como críticos dos conhecimentos e crenças cotidianos, vêem-se como seus legítimos defensores.

Os céticos pretendem viver a vida cotidiana segundo seus parâmetros habituais, sem se desviarem das práticas comuns. Em certo sentido, o cético é um homem como outro qualquer, sem nenhuma pretensão a um saber superior ou a um caráter mais virtuoso, aceitando tranqüilamente os homens e a vida como eles são. Suas sensações e sentimentos guiam sua ação. Se tem sede, bebe água; se sente frio, põe um casaco; se sente saudades de alguém, procura essa pessoa. Sua inteligência o assiste nas suas ações, já que raciocina sobre o melhor curso de ação a ser tomado em busca dos fins que deseja. O cético é obediente às leis e segue costumes e tradições do lugar em que vive. Assim, ele entende que roubar é um crime e assistir futebol, um grande prazer, ainda que atualmente possa preferir ver o Guga ou a seleção masculina de vôlei jogar. E não pretende ser mais obediente às leis e fiel aos costumes e tradições do que os demais homens de seu meio social, de modo que, à noite, pode furar o sinal vermelho, com medo dos ladrões soltos por aí. Como todos nós, ele tem uma profissão e pode ser médico, historiador, economista, advogado, físico, engenheiro ou mesmo professor universitário de filosofia.

Um dos aspectos do ceticismo é reaproximar filosofia e vida cotidiana, que muitas filosofias divorciaram, mesmo quando pretenderam que a função da filosofia é a de nos fazer viver melhor. Os filósofos, quando quiseram promover nossa felicidade, procuraram descrever uma maneira de viver que fosse superior à habitual. Assim, elaboraram teorias éticas, propuseram fins mais valiosos, sugeriram condutas mais seguras, descreveram sábios ideais como modelos, imaginaram uma realidade de outra ordem onde essa felicidade seria plenamente realizada. Tudo isso com a finalidade de nos seduzirem e, cativando nossa imaginação, obterem nossa adesão para suas seitas. Tais filosofias, entretanto, se distanciam da vida cotidiana, já que esta é vista como uma maneira defeituosa ou equivocada de viver, da qual deveríamos, por meio da reflexão filosófica, nos afastar.

Tendo suspendido o juízo acerca de todas as teorias filosóficas, inclusive das teorias éticas, *o cético não vê como se possa dispor de uma teoria dogmática para orientar nossas vidas*. Mais do que isso, entende que uma teoria filosófica não é a melhor garantia de felicidade e, em geral, perturba nossa vida e conduta. A melhor maneira de viver e buscar a felicidade, aos olhos do cético, é simplesmente mergulhar na vida cotidiana e gostosamente deixar-se levar por ela.

Leituras recomendadas

- Burnyeat, M., *The Skeptical Tradition* (Berkeley, University of California Press, 1983). Excelente coletânea sobre a história do ceticismo, com artigos de especialistas.

- Davidson, D., *Subjective, Intersubjective, Objective* (Oxford: Oxford, University Press, 2001). Davidson é um dos filósofos mais importantes da atualidade e, nos últimos anos, passou a aplicar sua teoria da interpretação radical para refutar várias formas de ceticismo.

- DeRose, K. e Warfield, T. (orgs.), *Scepticism: A Contemporary Reader* (Oxford/Nova York, Oxford University Press, 1999). O livro contém uma série de artigos importantes, de diferentes autores, ordenados de acordo com o tipo de resposta dada ao desafio cético. Há, ainda, uma útil introdução. O leitor adquire uma visão ampla da discussão atual sobre ceticismo.

- Fogelin, R., *Pyrrhonian Reflections on Knowledge and Justification*, (Princeton, Princeton University Press, 1994). O livro é uma discussão sobre possíveis respostas aos modos de Agripa e ao desafio do ceticismo cartesiano. Trata-se de uma defesa do pirronismo em questões epistemológicas atuais.

- Greco J. e Sosa, E. (orgs.), *The Blackwell Guide to Epistemology* (Oxford, Blackwell, 1999). O livro contém vários bons artigos sobre ceticismo, que mostram como a epistemologia está estreitamente vinculada às questões céticas.

- Lessa, R., *Veneno pirrônico* (Rio de Janeiro, Francisco Alves, 1995). A partir das reflexões céticas, Lessa pensa questões políticas de maneira original. Seu interesse primeiro reside em saber a posição política de um cético, tema importante, mas freqüentemente negligenciado.

- Popkin, R., *História do ceticismo de Erasmo a Spinoza* (Rio de Janeiro, Francisco Alves, 2001). Trata-se de uma obra clássica, que mostrou ser o ceticismo um dos pilares da filosofia moderna. O texto é claro, fluente e erudito.

- Porchat, O., *Vida comum e ceticismo* (São Paulo, Brasiliense, 1993). Coletânea de artigos do mais importante cético brasileiro. Porchat combina profundidade, rigor e erudição em uma linguagem clara e acessível, mesmo para os não-filósofos. Todos os estudos sobre ceticismo no Brasil são marcados por sua obra, cuja leitura é indispensável e muito agradável.

- Smith, P., *Ceticismo filosófico* (São Paulo/Curitiba, EPU/EDUFPR, 2000). Coletânea de artigos sobre a história do ceticismo, na qual são estudados autores e temas do ceticismo antigo, moderno e contemporâneo. Entre os autores estão Sexto Empírico, Montaigne, Descartes, Hume e Wittgenstein.

- _____, *O ceticismo de Hume* (São Paulo, Loyola, 1995). O livro interpreta a filosofia de Hume, o cético mais importante da época moderna. Há, ainda, uma comparação do ceticismo de Hume com os ceticismos antigos (pirrônico e acadêmico).

- Stroud, B., *The Significance of Philosophical Scepticism* (Oxford, Clarendon Press, 1984). Expõe o problema cético do conhecimento do mundo exterior e mostra as dificuldades enfrentadas por várias filosofias em achar sua solução.

- _____, *Understanding Human Knowledge* (Oxford, Oxford University Press, 2000). Coletânea de artigos sobre teoria do conhecimento, a maioria discutindo o ceticismo. Inclui o célebre artigo "Transcendental Arguments", bem como várias críticas a epistemólogos contemporâneos. Os quatro últimos artigos apresentam a sua crítica ao ceticismo.

Seleção de textos

Há, contudo, uma classe especial de casos na qual os problemas criados pela lógica do cético não são tão facilmente postos de lado. Eles são aqueles nos quais o ataque é dirigido não contra a inferência factual enquanto tal, mas contra algumas formas particulares dela, nas quais parecemos terminar com enunciados de uma categoria diferente daqueles com os quais começamos. Assim, levanta-se a dúvida sobre a validade de nossa crença na existência de objetos físicos, ou entidades científicas, ou as mentes de outras pessoas, ou o passado, por um argumento que procura mostrar que essa crença depende em cada caso de uma inferência ilegítima. O que é respectivamente posto em questão é nosso direito de fazer a transição de experiências sensíveis para objetos físicos, do mundo do senso comum para as entidades da ciência, do comportamento observável de outras pessoas para suas sensações e pensamentos internos, do presente para o passado. Esses são problemas distintos, mas o padrão do argumento do cético é o mesmo em cada caso.

O primeiro passo é insistir em que dependemos inteiramente das premissas para nosso conhecimento da conclusão. Assim, sustenta-se que não temos acesso a objetos físicos senão por meio dos conteúdos de nossas experiências sensíveis, que não são físicas... Relativamente ao nosso conhecimento da evidência, nosso conhecimento da conclusão deve em cada caso ser indireto; e logicamente isso não poderia ser de outra maneira.

O segundo passo do argumento é mostrar que a relação entre premissas e conclusão não é dedutiva. Não pode haver descrição de nossas experiências sensíveis, ainda que longa e detalhada, a partir da qual se segue que um objeto físico existe. Enunciados sobre entidades científicas não são formalmente dedutíveis de qualquer conjunto de enunciados sobre seus efeitos; nem se seguem os enunciados sobre as sensações e pensamentos internos de uma pessoa de enunciados sobre suas manifestações observáveis...

Acontece, entretanto, o argumento continua, que essas inferências também não são indutivas. Admitindo que a inferência indutiva é legítima, ela nos leva, para usar uma frase de Hume, de instâncias de que tivemos experiência para aquelas de que não tivemos. Mas aqui é essencial que essas instâncias de que de fato não tivemos experiência deveriam ser tais como podemos ser capazes de experimentar. Concedamos, apesar do problema da indução, que com base no que experimentamos às vezes temos o direito de inferir a existência de eventos inobservados; nossa confiança no argumento será, então, um substituto para as observações diretas que, por alguma razão prática, somos incapazes de fazer. A situação é completamente diferente quando as coisas cuja existência estamos afirmando inferir não somente não são dadas para nós na experiência, mas não poderiam nunca ser dadas. Pois, nesse caso, que fundamento poderia haver para nossos argumentos indutivos e como seu êxito poderia ser testado?... O raciocínio experimental pode nos levar adiante em um dado nível: com base em certas experiências sensíveis, permite-nos predizer a ocorrência de outras experiências sensíveis; de observações sobre a maneira como uma pessoa se comporta, permite-nos inferir que seu comportamento futuro será tal e tal. O que ele não nos permite é pular de um nível para outro: passar de premissas que concernem aos conteúdos de nossas experiências sensíveis para conclusões sobre objetos físicos, de premissas que concernem ao comportamento observável de outras pessoas para conclusões sobre suas mentes.

O último passo é argumentar que essas conclusões não podem ser justificadas de maneira nenhuma, uma vez que essas inferências não podem ser justificadas seja dedutivamente, seja indutivamente. Não temos sequer o direito de fazer o movimento elementar de inferir o passado a partir de nossas experiências presentes, ou, admitindo todo o alcance de nossas experiências, chegar à existência dos objetos físicos... Seria realmente difícil encontrar mesmo um filósofo que estivesse propenso a aceitar essas conseqüências. Tampouco se deve imaginar que alguém deveria seriamente sustentar que não temos qualquer direito de estar seguros, ou mesmo moderadamente confiantes, de alguma coisa que concerne a objetos físicos, ou à mente de outras pessoas, ou ao passado. Mas mesmo se essa pessoa desiste de levar seu argumento ao que parece ser sua conclusão lógica, o cético pode ainda insistir em que ele apresenta uma questão para nós respondermos. Sem dúvida, sabemos o que ele diz que não podemos saber; nos é pedido, pelo menos, explicar como é possível que nós sabemos.

O problema que é apresentado em todos esses casos é estabelecer nosso direito de fazer o que parece ser um tipo especial de avanço para além de nossos dados. O nível do que aceitamos como dados, para os propósitos do problema, varia; mas em cada caso supõe-se que eles não alcançam, de uma maneira não comprometedora, a conclusão para a qual nós olhamos para eles nos conduzirem. Para aqueles que querem reivindicar nossa afirmação de conhecimento, a dificuldade é encontrar uma maneira de superar ou abolir esse abismo.

A.J. Ayer, *The Problem of Knowledge*, p.75-8,
"O padrão dos argumentos céticos"

Suponha que eu diga agora: "Eu sei com certeza que estou de pé; é absolutamente certo que estou; não há a menor chance de que eu não esteja." Muitos filósofos diriam: "Você está errado; você não sabe que está de pé; não é absolutamente certo que você está; há alguma chance, ainda que talvez apenas muito pequena, de que você não esteja." E o que foi usado como um argumento para dizer isso é um argumento no qual o filósofo que o usou afirmaria: "Você não sabe com certeza que não está sonhando; não é absolutamente certo que você não está; há alguma chance, ainda que talvez apenas muito pequena, de que você esteja." E disso, que eu não sei com certeza que não estou sonhando, supõe-se que se segue que não sei com certeza que estou de pé. Argumenta-se: se não é certo que você não está sonhando, então não é certo que você está de pé. E eu não me sinto inclinado a contestar isso: se eu não sei que não estou sonhando, então eu também não sei que eu não estou sentado. Da hipótese que eu estou sonhando, certamente seguir-se-ia, penso, que eu não sei que estou de pé; apesar de nunca ter visto o assunto discutido, e apesar de não ser claro para mim como se provaria que isso se segue. Mas, de outro lado, da hipótese que eu estou sonhando, certamente não se segue que não estou de pé; pois é por certo logicamente possível que um homem esteja dormindo profundamente e sonhando enquanto ele está de pé e não deitado. É, portanto, logicamente possível que eu esteja de pé e também, ao mesmo tempo, sonhando que estou de pé; assim como é logicamente possível a história de um bem conhecido duque de Devonshire, que uma vez sonhou que estava falando na Câmara dos Lordes e, quando acordou, descobriu que ele estava falando na Câmara dos Lordes...

Eu concordo, portanto, com a parte desse argumento que afirma que se eu não sei agora que não estou dormindo, segue-se que não sei que eu estou de pé, mesmo que esteja realmente de pé e pense que estou. Mas essa primeira parte do argumento é uma faca de dois gumes. Pois se é verdadeira, segue-se que também é verdadeiro que se eu sei que estou de pé, então sei que não estou dormindo. Eu posso, portanto, também argumentar: "Uma vez que sei que estou de pé, segue-se que eu sei que não estou dormindo"; assim como meu oponente pode argumentar: "Uma vez que você não sabe que não está dormindo, segue-se que você não sabe que está de pé." Um argumento é tão bom quanto o outro, a menos que meu oponente possa dar razões melhores para afirmar que eu não sei que não estou dormindo do que eu posso dar para afirmar que sei que estou de pé.

G.E. Moore, "Certainty"

Qualquer um que argumentou da seguinte maneira me parece ter assumido a tese da penetrabilidade (como eu a chamarei): se você não sabe se Q é verdadeiro ou não e se P não pode ser verdadeiro exceto se Q é verdadeiro, então você (obviamente) não sabe se P é verdadeiro ou não. Uma forma um pouco mais elaborada do mesmo argumento é a seguinte: se S não sabe se Q é verdadeiro ou não, então, dado tudo o que ele sabe, poderia ser falso. Se Q é falso, contudo, então P também deve ser falso. Assim, dado tudo o que S sabe, P pode ser falso. Portanto, S não sabe que P é verdadeiro. Esse padrão de argumento está espalhado por toda a literatura epistemológica. Quase todas as objeções céticas transitam por ele...

Se é uma questão de sonhos ou demônios, ilusões ou imitações, surge o mesmo padrão de argumento. Se você sabe que isso é uma cadeira, você deve saber que não está sonhando (ou sendo enganado por um gênio astuto), uma vez que ser uma cadeira (real) implica que ela não é apenas uma ficção de sua própria imaginação. Se esses operadores não fossem penetrantes, muitas dessas objeções seriam irrelevantes...

...[E]u gostaria de me voltar para o que considero um conjunto mais significativo de conseqüências — "mais significativo" porque são as conseqüências que estão diretamente envolvidas na maioria dos argumentos céticos. Suponha que nós afirmemos que x é A. Considere algum predicado, "B", que é incompatível com A, tal que nada possa ser A e B ao mesmo tempo. Segue-se, então, do fato de que x é A que x não é B. Além disso, se nós unirmos B a algum outro predicado, Q, segue-se do fato de que x é A que x é não-(B e Q). Eu chamarei esse tipo de conseqüência de uma *conseqüência contraste* e estou interessado em um subconjunto particular dessas; pois eu acredito que as objeções céticas mais atraentes a nossas afirmações ordinárias de conhecimento exploram um conjunto particular dessas conseqüências contraste. A exploração procede como se segue... Para ilustrar, deixe-me dar outro exemplo — um exemplo bobo, mas não mais bobo do que um grande número de argumentos céticos com os quais estamos familiarizados. Você leva seu filho ao zoológico, vê muitas zebras e, quando perguntado por seu filho, lhe diz que são zebras. Você sabe que são zebras? Bem, a maioria de nós não hesitaria em dizer que sabemos isso. Sabemos como as zebras se parecem e, além disso, esse é o zoológico da cidade e na jaula dos animais há uma placa escrita "zebras". Contudo, alguma coisa ser uma zebra implica que não é uma mula e, em particular, não uma mula inteligentemente disfarçada pelos diretores do zoológico para parecer uma zebra. Você sabe que esses animais não são mulas inteligentemente disfarçadas pelos diretores do zoológico para parecerem zebras? Se você estiver tentado a responder "Sim" a essa pergunta, pense um momento sobre as razões que você tem, que evidência você pode mostrar a favor dessa afirmação. A evidência que você tinha para pensar que eram zebras foi efetivamente neutralizada, uma vez que não valem para não serem mulas inteligentemente disfarçadas para parecerem zebras. Você confirmou com os diretores do zoológico? Você examinou os animais de perto para detectar uma tal fraude? Você poderia fazer isso, naturalmente, mas na maioria dos casos não faz nada disso. Você tem algumas uniformidades nas quais confia, regularidades para as quais dispõe de expressões como "Isso não é muito provável" ou "Por que os diretores do zoológico fariam isso?" Concedo que a hipótese (se podemos chamá-la assim) não é muito plausível, dado o que sabemos sobre pessoas e zoológicos. Mas a questão aqui não é se essa alternativa é plausível, não se é mais ou menos plausível que há zebras reais na jaula, mas se você sabe que essa hipótese alternativa é falsa. Eu não acho que você sabe. Nisso, eu concordo com o cético. Eu me afasto do cético somente quando ele conclui disso que, portanto, você não sabe que os animais na jaula são zebras. Eu me separo dele porque rejeito o princípio que ele usa para alcançar essa conclusão — o princípio que se você não sabe que Q é verdadeiro, quando se sabe que P implica Q, então você não sabe que P é verdadeiro...

Assim também com nossos operadores epistêmicos. Saber que x é A é saber que x é A dentro de um quadro de alternativas relevantes, B, C e D. Esse conjunto de contrastes, junto com o fato de que x é A, serve para definir o que é que é conhecido quando alguém sabe que x é A. Não se pode mudar esse conjunto de contrastes sem mudar o que se diz de uma pessoa quando se diz que ela sabe que x é A. Temos maneiras sutis de mudar esses contrastes e, portanto, de mudar o que se diz que uma pessoa sabe *sem mudar a sentença que usamos para expressar o que ela sabe*. Consideremos o fato de que Luís matou Paulo. Ao mudar o padrão de ênfase podemos invocar um conjunto diferente de contrastes e, assim, alterar o que é que se diz que *S* sabe quando se afirma que ele sabe que Luís matou Paulo. Podemos dizer, por exemplo, que *Luís* matou Paulo. Nesse caso (e eu penso que essa é a maneira usual de ouvir a sentença quando não há ênfase *especial*), nos é dito que *S* sabe a identidade do assassino de Paulo, que *foi Luís* quem matou Paulo. Assim, espera-se que as razões de *S* para crer que Luís matou Paulo identifiquem Luís, e *não* Jorge ou Miguel ou outra pessoa, como o assassino. De outro lado, podemos dizer que *S* sabe que Luís *matou* Paulo. Nesse caso, nos é dito que *S* sabe *o que Luís fez a Paulo*; ele o matou, e *não* apenas o feriu, matou-o, e *não* apenas o ameaçou etc. Uma boa razão para crer que Luís *matou* Paulo (em vez de apenas feri-lo) é a de que Paulo está morto, mas essa não é uma boa razão se é que é uma razão, para crer que *Luís* matou Paulo. Mudar o conjunto de contrastes (de "Luís, e não Jorge ou Miguel" para "matou, e não feriu ou ameaçou"), ao alterar o padrão de ênfase, muda o que se alega saber quando se diz que alguém sabe que Luís matou Paulo. O mesmo ponto pode ser feito aqui, como no caso da explicação: o operador penetrará *somente* aquelas conseqüências contraste que formam parte da rede de alternativas relevantes estruturando o contexto original no qual uma afirmação de conhecimento foi proposta...

Introduzir um novo e mais amplo conjunto de alternativas, como o cético está inclinado a fazer com nossas afirmações epistêmicas, é mostrar conseqüências do que sabemos, ou temos razões para crer, que podemos não conhecer, podemos não ter uma razão para crer; mas isso não mostra que não sabíamos, não tínhamos uma razão para crer, quaisquer que fossem essas conseqüências.

F. Dretske, "Epistemic Operators"

Podemos achar ameaçadora a possibilidade aparentemente cética de que, apesar de *crermos* em um mundo de objetos particulares permanentes no espaço e no tempo, o mundo independente de nós poderia não ser dessa maneira?

O pensamento em questão seria o de que, apesar de termos muitas crenças sobre um mundo independente de nós e de nossas experiências, talvez nenhuma dessas crenças seja verdadeira. Eu admito que há um sentido em que essa é uma possibilidade: do fato de crermos não se segue a verdade de nossas crenças. Mas a possibilidade aparentemente ameaçadora é uma possibilidade com duas partes. Ela inclui pessoas crendo que há um mundo independente, bem como a falsidade dessas crenças — não havendo um tal mundo independente. Se pudermos dar sentido à idéia de haver pessoas com crenças em um mundo independente somente porque nós também cremos que há um mundo independente, então pensar que a primeira metade da possibilidade alegada é realizada garantiria que não poderíamos pensar que a segunda metade é realizada. Não poderíamos jamais consistentemente achar que ambas as metades da possibilidade aparentemente ameaçadora são reais...

...A idéia é que nós não poderíamos atribuir a crença genérica a eles, a menos que acreditássemos que essa era verdadeira. É somente porque cremos que a segunda parte da possibilidade aparentemente ameaçadora não é verdadeira que podemos pensar que a primeira é. Não poderíamos achar que as duas metades são verdadeiras ao mesmo tempo.

Se essa fosse a posição em que estamos com relação à nossa crença em um mundo independente, não seria porque não há simplesmente possibilidade lógica de alguém ter crenças sobre um mundo independente sem aquelas crenças serem verdadeiras, mas antes porque nosso pensamento de que pessoas têm tais crenças exige que nós mesmos creiamos em um mundo independente de objetos permanentes. Uma condição de nosso pensamento sobre as crenças de outras pessoas e outros fenômenos psicológicos tal como pensamos é que nossa visão do mundo não-psicológico com o qual eles interagem é de um mundo caracterizado pelos conteúdos daquelas mesmas crenças, pelo menos daquelas de um alto nível de generalidade.

B. Stroud, "Kantian Argument,
Conceptual Capacities, and Invulnerability"

Os céticos mais recentes elaboraram os seguintes cinco modos de suspensão do juízo: o primeiro é o do desacordo;

o segundo, da regressão ao infinito; o terceiro, da relatividade; o quarto, da hipótese; e o quinto, da circularidade. O do desacordo é aquele segundo o qual encontramos, tanto na vida comum, quanto entre os filósofos, um conflito insolúvel sobre os assuntos em questão, em virtude do qual somos incapazes de escolher ou rejeitar algo e acabamos em suspensão do juízo. O da regressão ao infinito é aquele segundo o qual dizemos que o que é oferecido em apoio para crer em alguma coisa precisa ele próprio de um apoio, e assim até ao infinito, de sorte que não temos um ponto inicial que sirva para estebelecer algo, e segue-se a suspensão do juízo. O da relatividade é, como dissemos antes, aquele segundo o qual o objeto externo aparece dessa ou daquela maneira em relação ao sujeito que julga e aos objetos observados juntos com esse, mas suspendemos o juízo sobre como é em sua natureza. Usamos o da hipótese quando os dogmáticos, forçados à regressão ao infinito, começam com algo não estabelecido, mas simplesmente o assumem sem demonstração. O da circularidade é usado quando o que deveria sustentar o objeto investigado precisa do apoio do objeto investigado; assim, sendo incapazes de assumir um para estabelecer o outro, suspendemos o juízo sobre ambos.

Sexto Empírico,
Outlines of Pyrrhonism, I, 164-9

Referências e fontes

Os extratos que se encontram na Seleção de textos foram traduzidos por mim das seguintes edições, respectivamente:

Ayer, A.J., *The Problem of Knowledge* (Inglaterra, Penguin Books, 1956 (1986)), p.75-8.

Moore, G.E., "Certainty", in *G.E. Moore: selected writings*, Baldwin, Th. (org.) (Londres e Nova York, Routledge, 1993), p.189-91.

Dretske, F., "Epistemic Operators" in DeRose e Warfield (orgs.). *Skepticism: a Contemporary Reader* (Oxford/Nova York, Oxford University Press, 1999), p.134-44.

Stroud, B., "Kantian Argument, Conceptual Capacities, and Invulnerability", in *Understanding Human Knowledge* (Oxford, Oxford University Press, 2000), p. 170-1.

Sexto Empírico, *Outlines of Pyrrhonism* (Loeb Classical Library, Londres, Inglaterra/Cambridge, Massachusetts, Harvard University Press, 1993).

Sobre o autor

Plínio Junqueira Smith é professor de filosofia e coordenador do Programa de Pós-Graduação em Filosofia da Universidade São Judas Tadeu (USJT). É, ainda, professor do Programa de Pós-Graduação em Filosofia da Psicologia da Universidade Federal de São Carlos (UFSCar) e pesquisador do CNPq. Formou-se em filosofia na Universidade de São Paulo (USP), onde também doutorou-se, sob a orientação de Oswaldo Porchat, e posteriormente fez um pós-doutorado na Universidade de Oxford. Suas áreas de interesse são: ceticismo, epistemologia, história da filosofia moderna, filosofia analítica.

Coleção **PASSO-A-PASSO**

1. **Hegel,** Denis L. Rosenfield
2. **Nietzsche,** Nelson Boeira
3. **Hobbes,** Maria Isabel Limongi
4. **Adorno/Horkheimer & a Dialética do Esclarecimento,** Rodrigo Duarte
5. **Filosofia da linguagem,** Claudio Costa
6. **Heidegger & Ser e tempo,** Benedito Nunes
7. **Hobbes & a liberdade,** Júlio Bernardes
8. **Nietzsche & Para além de bem e mal,** Oswaldo Giacoia Junior
9. **Sófocles & Antígona,** Kathrin H. Rosenfield
10. **Cultura e empresas,** Lívia Barbosa
11. **Relações internacionais,** Williams Gonçalves
12. **A interpretação,** Laéria B. Fontenele
13. **Arte e psicanálise,** Tania Rivera
14. **Freud,** Marco Antonio Coutinho Jorge e Nadiá P. Ferreira
15. **Hegel & a Fenomenologia do espírito,** Paulo Meneses
16. **Schopenhauer,** Jair Barboza
17. **Adorno & a arte contemporânea,** Verlaine Freitas
18. **Rawls,** Nythamar de Oliveira
19. **Freud & a cultura,** Betty B. Fuks
20. **Freud & a religião,** Sérgio Nazar David
21. **Para que serve a psicanálise?,** Denise Maurano
22. **Depressão e melancolia,** Urania Tourinho Peres
23. **A neurose obsessiva,** Maria Anita Carneiro Ribeiro
24. **Rituais ontem e hoje,** Mariza Peirano
25. **Capital social,** Maria Celina D'Araujo
26. **Hierarquia e individualismo,** Piero de Camargo Leirner
27. **Freud & a filosofia,** Joel Birman
28. **Platão & A República,** Jayme Paviani
29. **Maquiavel,** Newton Bignotto
30. **Filosofia medieval,** Alfredo Storck
31. **Filosofia da ciência,** Alberto Oliva
32. **Heidegger,** Zeljko Loparic
33. **Kant & o direito,** Ricardo Terra
34. **Fé,** J.B. Libânio
35. **Ceticismo,** Plínio Junqueira Smith

Próximos volumes:

36. **Bioética,** Darlei Dall'Agnol
37. **A Teoria Crítica,** Marcos Nobre
38. **O adolescente e o outro,** Sonia Alberti
39. **O que é o sujeito?,** Luciano Elia
40. **O amor na teoria psicanalítica,** Nadiá P. Ferreira
41. **Mito e psicanálise,** Ana Vicentini de Azevedo
42. **Lacan: o grande freudiano,** Marco Antonio Coutinho Jorge e Nadiá P. Ferreira
43. **Sociedade de consumo,** Lívia Barbosa
44. **Literatura e sociedade,** Adriana Facina